BEI GRIN MACHT SICH IHR WISSEN BEZAHLT

- Wir veröffentlichen Ihre Hausarbeit, Bachelor- und Masterarbeit

- Ihr eigenes eBook und Buch - weltweit in allen wichtigen Shops

- Verdienen Sie an jedem Verkauf

Jetzt bei www.GRIN.com hochladen und kostenlos publizieren

Alena Kalkum

Die Geschichte des Sakkos in der Herrenbekleidung

Schnitt und Linienführung von den Anfängen bis heute

GRIN Verlag

Bibliografische Information der Deutschen Nationalbibliothek:

Die Deutsche Bibliothek verzeichnet diese Publikation in der Deutschen Nationalbibliografie; detaillierte bibliografische Daten sind im Internet über http://dnb.d-nb.de/ abrufbar.

Dieses Werk sowie alle darin enthaltenen einzelnen Beiträge und Abbildungen sind urheberrechtlich geschützt. Jede Verwertung, die nicht ausdrücklich vom Urheberrechtsschutz zugelassen ist, bedarf der vorherigen Zustimmung des Verlages. Das gilt insbesondere für Vervielfältigungen, Bearbeitungen, Übersetzungen, Mikroverfilmungen, Auswertungen durch Datenbanken und für die Einspeicherung und Verarbeitung in elektronische Systeme. Alle Rechte, auch die des auszugsweisen Nachdrucks, der fotomechanischen Wiedergabe (einschließlich Mikrokopie) sowie der Auswertung durch Datenbanken oder ähnliche Einrichtungen, vorbehalten.

Impressum:

Copyright © 2012 GRIN Verlag GmbH
Druck und Bindung: Books on Demand GmbH, Norderstedt Germany
ISBN: 978-3-656-38367-3

Dieses Buch bei GRIN:

http://www.grin.com/de/e-book/210112/die-geschichte-des-sakkos-in-der-herrenbekleidung

GRIN - Your knowledge has value

Der GRIN Verlag publiziert seit 1998 wissenschaftliche Arbeiten von Studenten, Hochschullehrern und anderen Akademikern als eBook und gedrucktes Buch. Die Verlagswebsite www.grin.com ist die ideale Plattform zur Veröffentlichung von Hausarbeiten, Abschlussarbeiten, wissenschaftlichen Aufsätzen, Dissertationen und Fachbüchern.

Besuchen Sie uns im Internet:

http://www.grin.com/

http://www.facebook.com/grincom

http://www.twitter.com/grin_com

Studienarbeit

Die Geschichte des Sakkos in der Herrenbekleidung: Schnitt und Linienführung von den Anfängen bis heute

von

Alena Kalkum

Das Thema wurde ausgewählt aus dem Fachgebiet Produktentwicklung, angefertigt im Fachbereich Textil- und Bekleidungstechnik der Hochschule Niederrhein, Standort Mönchengladbach

Wintersemester 2011/2012

Studienarbeit Alena Kalkum

Inhaltsverzeichnis

Inhaltsverzeichnis 1

Abbildungsverzeichnis 2

Tabellenverzeichnis 3

1 Einleitung 4

2 Geschichte des Sakkos 6

    2.1 Entwicklungsströme vor dem 19. Jahrhundert 6

        2.1.1 Barock (etwa 1640 bis 1720) 8

        2.1.2 Rokoko (etwa 1720 bis 1775) 9

    2.2 Entwicklungsströme im 19. Jahrhundert 10

        2.2.1 Englische Mode (etwa 1775 bis 1815) 10

        2.2.2 Biedermeier (etwa 1815 bis 1850) 11

        2.2.3 Herrenmode vor der Jahrhundertwende 13

    2.3 Entwicklungsströme im 20. Jahrhundert 15

        2.3.1 1900 bis 1920 15

        2.3.2 1921 bis 1940 17

        2.3.3 1941 bis 1960 19

        2.3.4 1961 bis 1980 22

        2.3.5 1981 bis 2000 24

        2.3.6 2000 bis heute 26

3 Vergleich Schnitt und Linienführung 28

    3.1 Zeitstrahl 28

    3.2 Auswertung Zeitstrahl 32

    4.2. Matrix der Jahre 1670, 1815, 1850, 2000 34

4 Kritisches Fazit 36

Literaturverzeichnis 37

Quellenverzeichnis der Abbildungen 38

Internetquellen 39

Abbildungsverzeichnis

Abbildung 1 Mann in Rheingrafentracht 8

Abbildung 2 Justaucorps 8

Abbildung 3 Mann im Habit um 1730 9

Abbildung 4   Klassischer Frackanzug 11

Abbildung 5 George Bryan Brummell 12

Abbildung 6 Herr im Frack mit Wespentaille 13

Abbildung 7 Herren im Jackett-Anzug, Smoking-Anzug und doppelreihigem Sakkoanzug 14

Abbildung 8 Gehrock 15

Abbildung 9 Norfolkjacke 16

Abbildung 10 Stresemann 18

Abbildung 11 Modewandel 1950-1961 21

Abbildung 12 Die Beatles in Anzügen von Cardin 22

Abbildung 13 Einknopfsakko mit großem Revers, 1975 23

Abbildung 14 Anzugkombination, Weste aus Wildleder 24

Abbildung 15 Sakko-Design Erstellung auf www.youtailor.de 27

Tabellenverzeichnis

Tabelle 1 Zeittafel 7

Tabelle 2 Zeittafel I 28

Tabelle 3 Zeittafel II 29

Tabelle 4 Zeittafel III 30

Tabelle 5 Zeittafel IV 31

Tabelle 6 Matrix der Jahre 1670, 1815, 1850, 2000 34

Studienarbeit Alena Kalkum

1 Einleitung

Geschäftsmänner, Politiker, Bänker, Bräutigame, Priester und modebewusste junge Leute tragen es: das Sakko! Jeder kennt es, jeder mag es. Männer aller Bevölkerungsschichten sehen gebildeter und gepflegter aus und dies auch noch nach mehreren hundert Jahren, denn Männer wirken im Anzug adrett gekleidet und reizvoll. Nicht ohne Grund wurde also dreimal in Folge Anzugträger Karl-Theodor zu Guttenberg von der Mode- Jury des Männermagazins „GQ" zum bestangezogensten Deutschen gewählt.[1]

Weiterhin gehört das Sakko zu den universellsten und vielseitigsten Kleidungsstücken und wird längst nicht mehr nur von spießigen Geschäftsleuten getragen. Ob lässig oder körperbetont, in Sommerfarben oder gedeckten Tönen; jeder Mann braucht mindestens einen passenden Anzug im Schrank und kann sich sicher darin sein, stilecht aufzutreten. Zum Business-Outfit überzeugen sie durch klare Linien und hochwertige Stoffe. Auch in der Freizeit betonen attraktive modische Details, wie kontrastfarbende Ärmelpatches, die Lässigkeit des Trägers, so dass auffällige Muster und bunte Farben für den Freizeit-Look nicht mehr wegzudenken sind. Durch neue schlanke Passformen wirken sogar Tweed- oder Cordsakkos wieder jung und frisch. Zudem machen Kombinationen mit Jeans, Chinos, T-Shirts, Pullis, Turnschuhen und die neue bequeme Weite das Sakko noch vielseitiger, wandelbarer und alltagstauglicher.

Gerd Müller-Thomkins, der Geschäftsführer des Deutschen-Mode-Instituts in Köln nennt diese Neigung der Jüngeren „neue Angezogenheit". "Man hält sich fest an der Sicherheit der Form, sucht sogar nach einem gewissen männlichen Uniformismus."[2] Jene genannte Grundform und somit Gestaltungsgrundlage war all die Jahrzehnte recht konstant und wurde durch Variablen je nach Tradition oder Interpretation der aktuellen Zeit angepasst. So wurde dank der industriellen Massenfertigung die Sakkomode in verschiedenen Bevölkerungsschichten erschwinglich und es war nicht mehr verpönt, keinen Maßanzug zu tragen.

---

[1] http://www.n24.de/news/newsitem_5512322.html 13.11.11
[2] http://www.manager-magazin.de/lifestyle/mode/0,2828,793798,00.html 13.11.11

Die vorliegende Arbeit befasst sich mit der geschichtlichen Entwicklung des Sakkos in der Herrenbekleidung vom 18. Jahrhundert bis zur heutigen Zeit in Deutschland. Im Mittelpunkt der Aufgabe steht der Vergleich der unterschiedlichen Schnitte und Linienführungen im Laufe der Jahre.

Das Ziel dieser Studienarbeit liegt darin, die Entwicklung des Sakkos vor einem geschichtlichen Hintergrund zusammenfassend zu dokumentieren. Wo liegen die Ursprünge und Anfänge? Was genau hat sich aus welchen Gründen an Schnitt und Aussehen verändert? Hierauf soll in dieser Studienarbeit Bezug genommen und entsprechende Antwortmöglichkeiten formuliert werden. Die Geschichte dieses Alleskönners, der Körperstellen betonen oder auch verdecken kann, wird durch einen Zeitstrahl aus Silhouetten ergänzt und die deutlichsten Änderungen im Sakkoschnitt in einer Matrix verglichen. Desweiteren wird kurz auf die Gestaltungsmöglichkeiten durch Stoffauswahl, Musterung und Farbe eingegangen.

2 Geschichte des Sakko

Das Sakko war lange Zeit lediglich eine Anzugsjacke und ist zum heutigen Zeitpunkt unentbehrlich. Ein und dasselbe Sakko kann je nach Kombination sowohl schick, als auch lässig, privat oder geschäftlich getragen werden. Den Status als Alleskönner musste sich das Sakko allerdings erst im Laufe der Jahre erarbeiten, bis es sich mit seinem Namen in der Gesellschaft etablieren konnte.

In früheren Zeiten war Bekleidung „Ausdruckmittel einer Kultur- und Zivilisationsepoche, sie spiegelte das Lebensgefühl einer Zeit wider." [3] Mode wandelte sich aufgrund strenger Standesregeln und gesetzlicher Kleidervorschriften schleppend und war nur priviligierten Gesellschaftsschichten zugänglich. Für den Rest der Bevölkerung hatte Bekleidung eine banale, primitive Funktion. Diese Standesvorschriften wurden erst mit der Französischen Revolution (1789 bis 1799) aufgehoben.[4] Amies Hardy, Schneider der englischen Königin Elizabeth II, berichtete in den 30er Jahren über „…ein entsetzliches Etwas, das sie Sakko nannten, eine sehr breitschultrige Anzugjacke, quadratisch und unförmig."[5] Tatsächlich war das erste Sakko um 1867 untailliert und gerade und erhielt somit, abgeleitet vom englischen Wort „sack", seinen Namen. Konträr dazu gestalten Menschen in der heutigen Zeit mit Bekleidung ihre Persönlichkeit und nutzen sie als Ausdruck ihres Selbstbildes. Dadurch wird Massenfertigung immer unbeliebter und Stil und Passform rücken in den Vordergrund.

---

[3] Hofer, Alfons: HAKA, S. 11
[4] Vgl. o. V.: Fachwissen Bekleidung, S. 278
[5] Amies, Hardy: Anzug und Gentleman, S.41

Stilepoche	Bekleidungsform	Zeitliche Einordnung
Barock 1640 bis 1720	Niederländische Mode Rheingrafenmode Französische Mode	30jähriger Krieg 1618 bis 1648 Frühbarrock 1610 bis 1650 Hochbarock 1650 bis 1670
Rokoko 1720 bis 1775	Rokokomode	Régence 1715 bis 1730 Blütezeit R. 1730 bis 1770
Klassizisimus 1775 bis 1850	Englische Mode Empiremode Biedermeiermode	Französische Revolution 1789 bis 1795 1795 bis 1815 1815 bis 1850
Historismus 1850 bis 1890	Mode des zweiten Rokoko Moder der Gründerzeitjahre	1850 bis 1870 1870 bis 1890
Jugendstil 1890 bis 1914	Mode um die Jahrhundertwende Reformode, Jugendstilmode	1890 bis 1908

Tabelle 1
Zeittafel

2.1 Entwicklungsströme vor dem 19. Jahrhundert

2.1.1 Barock (etwa 1640 bis 1720)

In Frankreich bestimmte Ludwig XVI. die absolutistische Politik und das gesamte gesellschaftliche und kulturelle Geschehen. Seine Vormachtstellung kam am deutlichsten durch die Mode zur Geltung. Somit war nämlich auch die Herrenbekleidung pompös, elegant und kostbar gemacht worden.[6] Nach und nach verschwand die charakteristische Kleidung einzelner Stände und überall trug man französische Mode. Seit 1650 wurde vom europäischen Adel die sehr weiblich wirkende Rheingrafentracht getragen. Die weite Rockhose saß nur knapp auf der Hüfte, war unterhalb der Knie angebunden und mit Spitzenmanschetten verziert. Unter der kurzen, offenen Jacke mit kurzen Ärmeln sah man das stark verzierte Hemd. Häufig wurden zusätzliche, verzierende Schleifen angebracht.[7]

Abbildung 1
Mann in Rheingrafentracht

Abbildung 2
Justaucorps

Zusätzlich entwickelte sich 1670 aus der Uniform der Justaucorps als eng anliegender Überrock, da der Sonnenkönig sich eine einheitliche Kleidung seines Heeres wünschte.[8] Der Justaucorps blieb bis 1700 Hauptoberbekleidung des Mannes und wurde aus kostbaren, schweren Stoffen geschneidert, sowie mit aufwendigen Stickereien versehen. Er war knie- bis oberschenkellang, tailliert, kragenlos und besaß überbreite Manschetten an den Ärmeln.

So begann man im Jahre 1760 die Vorderkanten umzuschlagen, so dass eine Art Revers entstand. Kombiniert wurde dieser mit einer Schoßweste und Culottes, welche die seidenen Kniestrümpfe und Schnallschuhe mit Absatz zur Geltung bringen sollten. Mit dem Tode von Ludwig XVI. im Jahre 1715

---

[6] Vgl. o. V.: Fachwissen Bekleidung, S. 274
[7] Vgl. Ebenda, S. 275
[8] Vgl. Loschek/Wolter: Reclams Mode- und Kostümlexikon, S. 284

veränderte sich die Damenmode, während die Herrenmode Schnitt und Form noch lange beibehielt.

Die einzige Erneuerung stellte die Absteifung der Schöße von Röcken und Westen mit Wachstuch, Crin oder Papier dar, so dass der vorne offene Rock weit von der Hüfte abstand und die bis zu den Oberschenkel reichende Weste sichtbar wurde. [9]

2.1.2 Rokoko (etwa 1720 bis 1775)

Die Zeit der Revolution und Aufklärung verdrängte die pompöse, höfische und französische Kleidung aus dem Alltag. Sie wurde nun vornehmlich zu förmlichen und gesellschaftlichen Auftritten und Anlässen getragen und sollte bald vom englischen Anzug ersetzt werden. Die englische Mode war weniger prunkvoll aber eleganter und tauschte die höfische Seide gegen bürgerliche Wollstoffe. Dennoch legten die Franzosen fortwährend viel Wert auf „erlesene, feine Ware mit prunkvollen Details." [10]

Abbildung 3
Mann im Habit
um 1730

Der Justaucorps wurde nun Habit genannt und hatte mehr Weite, die kurze Zeit später durch Fischbein und Rosshaar verstärkt von der Hüfte abstand. Als Vorläufer der späteren so genannten „Dandys" fielen die „Macaronis" auf, junge Clubmitglieder höherer Gesellschaften, „die im England der 1760er Jahre eine von Italien inspirierte, bizarre und extravagante Mode übernahmen."[11] Diese übertriebene Zurschaustellung der Aristokratie hielt bis zum Ende der Zeit des Rokoko an.

---

[9] Vgl. von Boehn, Max: Die Mode- Eine Kulturgeschichte vom Barock bis zum Jugendstil, S. 60
[10] Krause/Lenning: Kleine Kostümkunde, S.146-154
[11] Ebenda , S.146-154

2.2 Entwicklungsströme im 19. Jahrhundert

2.2.1 Englische Mode (etwa 1775 bis 1815)

Das Interesse des englischen Landadels an der Wirtschaft verdrängte die französische Mode, da höfische Privilegien in den Hintergrund rückten. Mode erhielt aber eine natürliche und schlichte Eleganz. Kleidung sollte so zweckmäßiger und dem Alltag angepasster kreiert werden und einerseits den Anforderungen des Geschäftslebens, andererseits denen des Lebens als Reiter und Jäger auf dem Land entsprechen. Diese „Revolution im Anzug des eleganten Herrn brachte eine zentrale, demokratische Wendung: Jedermann konnte Homo elegans werden, ohne von adliger Herkunft zu sein."[12]

Diese Sehnsucht der Menschen nach neuen Lebensformen fand Ausdruck in der bequemen und praktischen Kleidung. Die Gesundheit sollte nicht länger unter engen Schnürungen oder hohen Absätzen leiden. So kam es, dass London Paris als fortschrittliches Zentrum männlicher Bekleidung ablöste. Englische Mode stand für bürgerliche Freiheitsbestrebungen und wurde durch eine Vielzahl textiltechnischer Erfindungen vorangetrieben. Der große Erfolg des englischen Anzugs in Europa brach in einer historisch denkwürdigen Zeit, zwischen Französischer Revolution und Wiener Kongress, ein. Demnach erfreute sich aufstrebende Bürgertum an perfektem Sitz und hochwertiger Verarbeitung statt an Luxusstoffen und opulenten Verzierungen. Durch den möglichst faltenlosen Sitz sollte die bürgerliche Tadellosigkeit symbolisiert werden.

Das Bürgertum Englands fand Gefallen an den von der arbeitenden Bevölkerung getragenen Tuchröcken und verdrängte den Justaucorps in die höfische Garderobe. Bald wurde aus dem Tuchrock ein „Frock" ohne Stickereien, Besätze, Taschen oder Umschläge. Zur Betonung der Bürgerlichkeit und der neuen männlichen Eleganz dienten drei Merkmale: schlichter Schnitt, englische Wolle und gedämpfte Naturfarben.[13]

---

[12] Sprenger, Ruth: Die hohe Kunst der Herrenkleidermacher, S. 15
[13] Vgl. Ebenda, S.16-17

Um 1770 schnitt man die Rockschöße vorne ab, da sie für das Militär unpraktisch wurden, wodurch der Schnitt des sowohl ein- als auch zweireihig getragenen „Fracks" mit langen, engen Ärmeln entstand.[14] Neben dem „Redingote" mit langer Schleppe bildete sich zur gleichen Zeit als weitere Variante in gehobenen Kreisen der „Frac a la francaise" (Frack nach französischer Art) mit einer ganz speziellen Form heraus. Diese in Frankreich getragene Tageskleidung konnte aufgrund der bogigen Vorderkante nur über der Brust geschlossen werden, verfügte über verkürzte Schöße und bildete somit den Ursprung des späteren Sakkos.[15] Bei beiden Varianten war der Umlegekragen beliebter als der Stehkragen. Somit war die Herrenbekleidung dem politischen Umsturz von 1789 vorausgegangen.

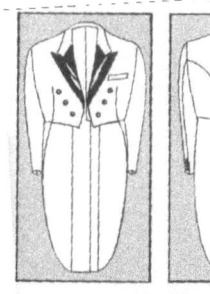
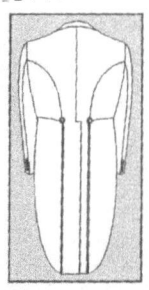

Abbildung 4
Klassischer Frackanzug

2.2.2 Biedermeier (etwa 1815 bis 1850)

Die Zeit des Biedermeiers, eingefasst von den Geschehnissen des Wiener Kongresses 1815 und dem Beginn der bürgerlichen Revolution 1848, war eine Zeit der Restauration. Nach Napoleons Niederlage begann eine Zeit in der sich das Bürgertum nach Regeln und Strukturen der Vergangenheit sehnte. Ruhe und ein friedliches Familienleben, sowie Ordnung in Europa wurden angestrebt. Da große Hoffnungen enttäuscht wurden, zogen sich die Menschen in Illusionen und ihre eigenen vier Wände zurück.[16] Im Widerspruch zu dieser Entwicklung standen die Industrialisierung und der soziale Wandel. Zugleich erweiterten Wirtschaftsboom und eine Vielzahl an Erfindungen die Kluft zwischen Arm und Reich.

---

[14] Vgl. Eelking, Baron von: Lexikon der Herrenmode, S.162/163
[15] Vgl. Loschek/Wolter: Reclams Mode- und Kostümlexikon, S. 192
[16] Vgl. Gardner, Christine: Die Kulturgeschichte der Herrenmode, S.134

Abbildung 5
George Bryan Brummell

Ferner wurde Dandy George Bryan Brummell als Vorbild und Wendepunkt der männlichen Modeentwicklung bekannt.[17] Zwischen 1800 und 1816 war sein Geschmack in London ausschlaggebend. Gardner bezeichnete die Dandys als Perfektionisten, wobei Auffallen nicht ihre eigentliche Intention gewesen sei. Brummell stand für gedämpfte, schlichte Farben, wenig Zierde und Natürlichkeit, wodurch Schnitt, Verarbeitung und die Art den Anzug zu tragen als vordergründig empfunden wurden. Er schuf das „bürgerliche Gesetzbuch der Herrenmode" und galt als Erfinder des englischen Anzugs.[18] Eleganz und Qualitätsbewusstsein wurden durch dieses Streben nach Einfachheit nicht gedämpft. Ein moderner Anzug verbarg zwar noch die gesamte Haut, passte sich aber besser den Bewegungen des Körpers an und war geschmeidiger.

All die Jahre blieb die Grundform des Sakkos nahezu unverändert. Zur Zeit des Biedermeiers wurde lediglich die Form weicher und weiblicher. Auch die unter dem Frack getragenen Westen wurden kürzer, die Taille rückte allgemein höher und die Röcke wurden glockig. Ein Blick für die menschliche Figur, vor allem für den idealen Männerkörper, entstand. Seither suggerierten Anzüge durch ihren Schnitt einen männlichen Silhouette mit breiten, wattierten Schultern und muskulöser Brust, die schmal auf eine schlanke Taille und einen flachen Bauch zulief. Diese Vorstellung wurde immer extremer, so dass Wespentaille und Korsetts für den Mann entwickelt wurden. Um 1830 konnte die einschnürende Korsage wahlweise durch den eng auf der Haut getragenen, baskischen Gürtel ersetzt werden. In den 1830er Jahren wurde der Frack letztmalig besonders farbenfroh getragen und wurde erst anschließend zum schwarzen, großen Abendanzug mit nicht verschließbaren Zierknöpfen.[19]

Ein fulminanter Unterschied zur früheren Mode waren Stoff und Farbauswahl. Die nun verwendeten Tuche und Leder, statt Seide und Samt, waren meist braun, grau oder blau statt violett, oder lichtgrün. Schwarz setzte sich als

---

[17] Der Lebemann und Dandy George Brian (Beau) Brummell lebte von 1778 bis 1840
[18] Sprenger, Ruth: Die hohe Kunst der Herrenkleidermacher, S. 20
[19] Vgl. Ebenda, S. 20-28

eleganteste Farbe des 19. Jahrhunderts durch. Farbige Akzente blieben zunächst nur durch geblümte, gestreifte oder karierte Westen, Knopflochblumen oder Krawatten.

Durch die fehlende Farbigkeit sollten die natürlichen Umrisse des Körpers besser zur Geltung kommen und Farbe galt zunehmend als „Bekenntnis zur Verschwendung und Gedankenlosigkeit".[20] Zu jedem dunklen Anzug trug man jedoch ein weißes Hemd mit steifem, den Hals einschnürenden Kragen, dem Vatermörderkragen.[21] Den konventionellen und uns bekannten umgeschlagenen Hemdkragen gab es bereits, dieser wurde aber als informell angesehen.

Abbildung 6
Herr im Frack mit Wespentaille

2.2.3 Herrenmode vor der Jahrhundertwende

Mit der zunehmenden Industrialisierung blieb die Vormachtstellung der Engländer erhalten. Herrenmode sollte den seriösen Geschäftsmann verkörpern und verzichtete somit auf übertriebene Formen und Farben. Modisch handelte es sich aufgrund der angestrebten Zeitlosigkeit und Zweckmäßigkeit eher um eine Rückentwicklung und Versachlichung. Durch die Erfindung der Nähmaschine ergab sich aber andererseits ein enormer technischer Fortschritt in der Fertigung und Qualität.

Während zunächst noch der Frack dominierte, setzten sich im Laufe der Jahre das bequemere Jackett und Sakko als elegante Tageskleidung langsam durch. Vorder- und Rückenteile waren durchgehend geschnitten und somit wenig tailliert. Durch den langen Schoß und den großen Abstich schien das Jackett dem Cutaway sehr ähnlich. Von der zuvor getragenen Wespentaille konnte man nichte mehr erkennen. Der Blazer galt als „best suit of working class men" und war das ganze Jahr über tragbar.[22]

---

[20] Ebenda, S. 23
[21] Vgl. o. V.: Fachwissen Bekleidung
[22] Sprenger, Ruth: Die hohe Kunst der Herrenkleidermacher, S.30

Abbildung 7
Herren im Jackett-Anzug, Smoking-Anzug und doppelreihigem Sakkoanzug

Im 20. Jahrhundert war der Blazer typischerweise in Marineblau mit Messingknöpfen zu grauer Flanellhose bekannt. Heute ist er in seiner Eleganz noch immer unbestritten und ist vielseitig einsetzbar. Beliebt waren eine zweireihige Fasson und betonte Kanten.[23]

Zur selben Zeit wurde der Smoking zunächst nur im Haus als sogenannte „Rauchracke" getragen. Nach dem Essen wurde Frack gegen Smoking getauscht, damit die Damen nicht durch anhaftenden Rauch belästigt wurden. Im Vergleich zum Frack wirkte der Smoking leger und gewann somit schnell an Beliebtheit als Alltagskleidung.[24]

Im Zuge dieser Entwicklung vielfältiger Sakkovariationen stieg die Nachfrage an Konfektions- und Massenfertigung enorm. Von 100 verkauften Anzügen waren nun 99 fertig gekauft.[25] Noch differenzierte man zwischen den verschiedenen Kleidungsarten je nach Anlass, so dass jeder Herr eine Auswahl diverser Anzugtypen besitzen musste. Gleichzeitig schwand die Unterscheidung nach Altersklassen und die sportliche, englische Bekleidung wuchs zu einem großen Rivalen der französischen Mode heran.

So entwickelte sich um 1860 der Sakkoanzug bestehend aus Hose, mit Crochet gearbeiteter Weste und Sakko in einheitlicher Farbe und Muster, was der vornehmen Zurückhaltung entsprach. Das Sakko ohne Schoß erhielt einen „geraden, sackartigen, bequemen und zweckmäßigen Schnitt."[26] Je nach Vermögen gewannen Qualität, Verarbeitung und Sitz zunehmende Wichtigkeit und Bedeutung. Die Einführung dieser Mode mit tiefen und hohen Ausstichen an Westen und Röcken und lang geschnittenen Taillen wurden

---

[23] Vgl. o. V.: Fachwissen Bekleidung, S. 283
[24] Vgl. Sprenger, Ruth: Die hohe Kunst der Herrenkleidermacher, S.30
[25] Vgl. von Boehn, Max: Die Mode- Eine Kulturgeschichte vom Barock bis zum Jugendstil, S. 322
[26] Sprenger, Ruth: Die hohe Kunst der Herrenkleidermacher, S. 29

König Eduard VII. zugeschrieben. Gleiche Kleidung wurde aber bereits zu seiner Kindheit getragen, so dass diese Annahme Fehlerhaftigkeit aufweist.[27]

Die Grundelemente der Herrengarderobe der drei Anzugtypen Sakko, Gehrock und Frack waren nach englischen Normen festgelegt und streng zu befolgen, wodurch viele Jahre nur geringere Veränderungen im Schnitt stattfanden.[28] Da der Sakkoanzug jedoch die berufliche Einbindung widerspiegelte, verbreitete er sich schnell und behielt bis heute seinen Status als seriöser Straßen- und Geschäftsanzug.

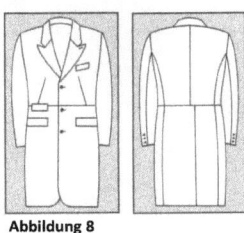

Abbildung 8
Gehrock

2.3 Entwicklungsströme im 20. Jahrhundert

2.3.1 1900 bis 1920

Überkommene soziale Ordnungen wurden im Zuge des Ersten Weltkrieges zerstört und der gesellschaftliche Wandel somit auch äußerlich wahrnehmbar. Eine aufstrebende Mittelschicht entledigte sich dem Korsett und begann einen neuen Lebensstil. Der Wirtschaftsaufschwung schaffte eine Kluft zwischen Arm und Reich, so dass Luxus durch luxuriöse Kleidung betont werden konnte.

Von der Gesellschaft wurde jederzeit von allen Schichten eine sachlich korrekte Form und der Schwarz-Weiß-Stil verlangt. Dieser schreibt beispielsweise nicht nur die Farbe der Knopflochblume, nämlich weiß, sondern auch die genaue Position 4cm unter und parallel zur Reversoberkante, vor. Als klassische, konservative Tageskleidung trug man Anfang des 20. Jahrhunderts zumeist einen knielangen, selten geschlossenen Gehrock mit Weste, Plastron und gestreifter Hose. Alternative war ein sportlicher, leicht taillierter Sakkoanzug mit kurzem Revers, der durch drei bis vier Knöpfe sehr

---

[27] Vgl. von Boehn, Max: Die Mode- Eine Kulturgeschichte vom Barock bis zum Jugendstil, S. 258
[28] Vgl. Sprenger, Ruth: Die hohe Kunst der Herrenkleidermacher, S. 29-30

hoch geschlossen war. Der schwarze Smoking etablierte sich zunehmend als kleiner Abendanzug und den Frack trug man bei großen, feierlichen Anlässen.[29]

Abbildung 9
Norfolkjacke

Durch den zunehmend beliebter werdenden Golfsport kam die besonders ländliche Norfolkjacke mit aufgesetzten Taschen in Mode, die etwas länger getragen wurde, als das Sakko. Der untersetzte Prinz von Wales schnitt die Rockschöße seiner Smokings und Jacketts ab und öffnete den untersten Westenknopf, um seinem umfangreichen Bauch Platz zu schaffen. Durch diesen Brauch festigte sich dieses festgeschriebene Detail der Herrenmode, den untersten Knopf einer einreihigen Weste offen zu lassen.

Der Glencheck als Klassiker unter den Herrenstoffen wurde von Edward VII. übernommen und ist noch heute als „Prince-of-Wales"-Muster bekannt.[30] 1906 wurde der reine Sportanzug aus Sakko und Hose, aus unterschiedlichem Stoff und Dessin entworfen. Im selben Jahr kreierte Edward VII. die so genannte Bügelfalte in den Hosen. Dass auch Herrenmode immer populärer wurde und im Interesse der Bevölkerung stand, visualisiert die erste Herrenmodenshow in Berlin im Jahre 1912 mit dem Titel: „Herren in der Bluse".[31] 1913 jedoch änderte sich dann nochmals die Sakkofasson und der Revers wurde bis zur Taille lang gezogen getragen. Der Abstich war schräg und fliehend und der Zweireiher weniger beliebt.[32]

Dieses Zeitalter der Anzugsmode fand jedoch ein jähes Ende mit Beginn des Krieges 1914. Gelder reichten nicht aus, um sie für Kleidung zu verschwenden. Die gesamte Wirtschaft stand im Dienste des Krieges, so dass auch Schneider hauptsächlich mit dem anfertigen und umnähen von Uniformen beschäftigt waren. Zivil wurden alte Anzüge oder umgenähte Uniformen noch getragen,

---

[29] Vgl. Loschek, Ingrid: Fashion of the Century, S.12-32
[30] Vgl. Sprenger, Ruth: Die hohe Kunst der Herrenkleidermacher, S. 41-42
[31] Vgl. Loschek, Ingrid: Fashion of the Century, S.45
[32] Vgl. Sprenger, Ruth: Die hohe Kunst der Herrenkleidermacher, S.31

Neuanfertigungen waren aber ausgeschlossen. 1918 kommt die Mode dann fast gänzlich zum erliegen. Schneider versuchten ihre Geschäfte anzukurbeln und entwickelten eine neue, locker sitzende Jacket-Fasson mit einem bis zur Taille lang gezogenem Revers, so dass die hochgeknöpfte Weste darunter sichtbar wurde.[33] Da Herrenbekleidung somit sehr teuer geworden war, entstanden so genannte Stehbrustsakkos. Um die Brüchigkeit des viele Jahre getragenen Sakkos auszugleichen, wurden Steifleinen und Roßhaareinlagen verwendet.[34]

Somit löste die Gesellschaft sich langsam von der Vorstellung, die Garderobe jeder Angelegenheit des Tages anzupassen, so dass ein und derselbe Anzug den ganzen Tag über getragen werden durfte.

2.3.2 1921 bis 1940

In den 1920er Jahren herrschte eine schwierige wirtschaftliche Lage. Kriegsrückzahlungen endeten in Unruhen und Inflation. Trotzdem verbreitete sich der Sakkoanzug auch in England und verdrängte somit den Cutaway. Das englische, einreihige Zweiknopfsakko zeigte das beliebte Modell des Prinzen von Wales mit natürlich breiten, abgerundeten Schultern, scharfem Abstich und kurzer, mäßiger Taille. Um die zunehmend trainierten, geschmeidigen Körperformen zu betonen wurden Schultern wieder gepolstert. Das Sakko verlor gänzlich sein sackartiges Aussehen.[35]

Insgesamt war die Stimmung der Deutschen geprägt von Ungewissheit und Zukunftsangst. Folgen der Niederlage im Weltkrieg wurden erst jetzt deutlich. Mitte der 20er Jahre stabilisierte sich die Wirtschaft trotz innenpolitischer Diskrepanzen dank der Reichsmark. Auch in weiten Kreisen der Bevölkerung wuchs das Bedürfnis nach Unterhaltung, was sich mehr Menschen als je zuvor nun auch leisten konnten.

In jener Zeit blieb der Schnitt von 1919 erhalten: einreihiger, dreiknöpfiger Sakkoanzug mit recht hoher betonter Taille, langem Schoß, fülliger Brust- und

---

[33] Vgl. Loschek, Ingrid: Fashion of the Century, S. 52-55
[34] Vgl. Ebenda, S.67-70
[35] Vgl. Sprenger, Ruth: Die hohe Kunst der Herrenkleidermacher, S. 31-32

Rückenpartie, sowie gerolltem Revers. Ebenfalls gerne getragen wurden legere Blazer und farbig gemusterte Fantasiewesten. Somit bestand die Wahl zwischen konservativ-seriös oder sportlich.

Abbildung 10
Stresemann

Da das Frack für einige Gesellschaftstänze ungeeignet schien, entstand die Tanzjacke als eine etwas abgewandelte Smokingform. Größtes Unterscheidungsmerkmal war der knappe, anliegende und weniger tiefe Halsausschnitt. Als typischer Tagesanzug galt der Stresemann, einer Kombination aus schwarzem Sakko, gestreifter Hose und silbergrauer Weste.[36] Im Laufe der Jahre wurde die Herrenmode zwar immer schnittiger und schlanker und die Kombinationen gewagter, sie blieben aber dennoch in der Grundform schlicht und nüchtern.

Seit 1933, der Ernennung Hitlers zum Deutschen Reichskanzler und somit dem Ende der Weimarer Republik, gab es neue modische Vorbilder, wodurch sich die Silhouette zu ändern begann. Hitler trug vorzugsweise Frack oder Cut, der als extravagant geltende Reichsminister Goebbels cremefarbende Seidenhemden unter seiner Uniform. Zu seinem, weißen Anzug pflegte er eine elegante Schleife und einen weißen, breitkrempigen Hut zu tragen. In diesem Zuge wurde auch der Zweireiher, sowie Streifen auf blauem oder braunem Grund, wieder beliebter. Das recht kurz geschnittene Sakko verfügte über betont breite Schultern, das Revers war breit und kurz. Während Taille und Hüfte schmal gehalten wurden, trug ein modisch bedachter Herr weite, etwas bauschige Hosen mit Bundfalten. Typische dezente Farben in den 30er Jahren waren hellgraue Nadelstreifen oder uni in marineblau, indigo, eisengrau, Muskat- oder Havannafarben, wobei vielfältige Dessins zum Einsatz kamen.[37]

Mit dem Jahr 1936 begann eines der innovativsten Jahre der Männermode, da sie nun an legerem Aussehen hinzu gewann. Vier statt sechs Knöpfe beim Doppelreiher oder ein gemustertes Hemd zum grau karierten Flanellanzug

---

[36] Vgl. Loschek, Ingrid: Fashion of the Century, S. 74 - 83
[37] Vgl. Ebenda, S. 116 - 119

waren keine Seltenheit mehr. Krawatten und Reverse trug man breit, die Hosen waren weit geschnitten. Am 27. Juni 1936 wurde sogar ein Modeamt für Herrenbekleidung eingerichtet, wodurch ein deutscher Stil geschaffen wurde. [38]

Auch die Abendmode war etwas offener gehalten. Mann konnte wählen zwischen Smoking, Einreiher oder Doppelreiher und statt dem typischen Reverskragen waren auch Schalkragen angemessen.

2.3.3 1941- 1960

Die Jahre um 1940 waren von dem kriegsbedingten Ausnahmezustand geprägt. Aufgrund der fehlenden geregelten Textilproduktion gab es ab 1946 keine traditionellen Kleidungsvorschriften mehr und wenig modische Veränderung. Bedingt durch den Stoffmangel kamen Stulpen- und Faltenverbote auf. Zur Standardkleidung gehörten ein weiter Sakkoanzug oder gemusterte Sakkos zu einfarbigen Hosen. Der Anzug war zumeist ein langer Zweireiher mit verbreiterten Schultern, ausladendem Revers und schmaler Hüfte, wodurch die Weste entbehrlich war.[39] Nach dem verlorenen Krieg mussten teilweise Mehlsäcke als Sakkoeinlagen verwendet werden, da keine anderen Materialien zur Verfügung standen. „Notknöpfe" bestanden häufig aus Pappe, Blech und ungepresstem Holz, wodurch die Kleidung natürlich deutlich an Eleganz einzubüßen hatte. [40]

Nach zwei Jahrhunderten kam um 1945 erstmals Konkurrenz aus Italien, dank der expandierten Industrie des Landes. Diese modische Mentalität stand im Widerspruch zu Brummells Vorstellungen „maskuliner Eleganz" und „englischem Understatement". Italien verfasste ein eher leichtes, farbenfrohes und zum Teil gewagtes Statement.[41] Die körperbetonte, italienische Herrenmode mit abgerundeten Schultern verdrängte die bisherigen weiten, amerikanischen Sakkos. Diese neue Strömung und Lebendigkeit der Herrenbekleidung, angetrieben durch Modeschöpfer Brioni, ermöglichte

---

[38] Vgl. Loschek, Ingrid: Fashion of the Century, S. 123
[39] Vgl. o. V.: Fachwissen Bekleidung, S. 289
[40] Vgl. Sprenger, Ruth: Die hohe Kunst der Herrenkleidermacher, S. 33
[41] Ebenda, S. 44

Modebekenntnisse und den Mut zu außergewöhnlichen Schnitten und grellen Farben. Brioni verband die gewohnte englische Eleganz mit „Schneiderkunst und Kreativität und Mut". [42] Zeitgleich entwickelte sich in England eine Strömung des „Neo-Edwardian" in dunklen Anzügen, sowie die „Teddy Boys" in teurer Kleidung und gehrockartigen Jacketts mit Samtkragen. [43]
1957 war außerdem das Geburtsjahr der „Twens", junger Leute um die 20, die die Silhouette des Schnitts ebenfalls deutlich in Bewegung brachten. Auch sie lehnten die weiten, füllig geschnittenen Anzüge ab und wollten durch Kleidung ihre jugendliche und männliche Figur zum Ausdruck bringen. Ihre Bekleidung sollte für Jedermann zugänglich und tragbar sein. Die schlanke Silhouette der Twenmode wurde im Gegensatz zu den bunten, gemusterten Stoffen, von der Herrenmode übernommen. [44]

Als Auswirkung der Kriegsjahre blieben die Menschen noch einige Zeit praktisch veranlagt. Neben abknöpfbaren Manschetten und Kragen wurden Krawatten schmal und stoffsparend gearbeitet. Chemiefasern kamen auf und Nylonhemden verkauften sich rasant. Diese waren leicht zu pflegen und ersparten dadurch den Kauf mehrerer Hemden. Außerdem begann der Siegeszug des T-Shirts in den Versandhäusern.
Massenmedien übernahmen die „erzieherische Funktion in Sachen Mode" und nutzten Schauspieler als Trendsetter und modische Vorbilder. [45]
1950 bis 1959 fand eine gewaltige Entwicklung der Bekleidungsindustrie statt. Schnitte blieben konventionell, aber Cord, Strick, Leder und Jeans wurden vielfach genutzt. Zur Demonstration jugendlicher Dynamik wurde das Tragen eines auf Figur geschnittenen Cordanzugs im Büro alltäglich. [46]

Ende der 50er Jahre diente der Sakkoanzug als Einreiher abermals als Allroundbekleidung, was für starke Bauchfiguren unvorteilhaft war. Tagsüber ist er in dezenten Farben leicht gemustert, am Abend stets schwarz oder dunkelblau.[47] Die Sakkos dieser Zeit zeigten natürlich abfallende, leicht

---

[42] Sprenger, Ruth: Die hohe Kunst der Herrenkleidermacher, S. 44
[43] Loschek, Ingrid: Fashion of the Century, S. 17
[44] Vgl. Hofer, Alfons: HAKA, S.12
[45] Sprenger, Ruth: Die hohe Kunst der Herrenkleidermacher, S. 33
[46] Vgl. Loschek, Ingrid: Fashion of the Century, S. 174 - 189
[47] Ebenda, S. 203

verbreiterte Schultern mit leicht abgerundetem Übergang in den vollen Ärmel. Der Kragen war flach und anliegend mit entsprechen hoch angesetztem Revers und auch die Knöpfe waren nach oben gerückt. Unabdingbar waren bequeme Brust- und Rückenweiten und der keilförmige, kurze Schnitt mit leichter Taillierung. [48]

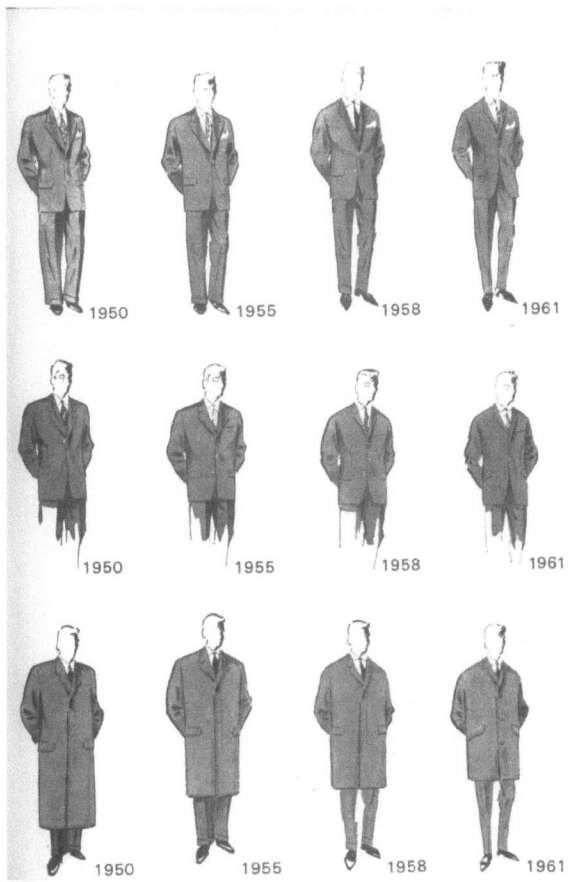

Abbildung 11
Modewandel 1950-1961

---

[48] Vgl. Sprenger, Ruth: Die hohe Kunst der Herrenkleidermacher, S. 35

2.3.4 1961-1980

Abbildung 12
Die Beatles in Anzügen von Cardin

Mit den 60er Jahren begann ein sehr praktisch orientierter Lebensstil, geprägt vom Massenkonsum. Pierre Cardins brachte die erste prêt-à-porter-Kollektion auf die Laufstege und somit die erste einschneidende Veränderung in der Herrenmode. Das taillierter geschnittene Sakko war hoch geschlossen und ohne oder mit einem kleinen Stehkragen gearbeitet. Er war der erste der sich wagte, mit Reversformen zu spielen. Die Ärmel verfügten über offene Schlitze, es gab wenige Knöpfe und die Schultern waren ungepolstert. Berühmt und populär wurde diese Sakkovariation für kurze Zeit durch die Beatles, da jeder ebenso jung und attraktiv wirken wollte. Langfristig blieb die Herrenmode jedoch konservativ.[49]

Unter dem Figur betonenden Sakko trug man breite, farbige und auffallende Krawatten mit Mustern wie Autos oder Schmetterlingen. Erstmals ließ sich ein Unterschied der Saison durch die Muster- und Farbwahl feststellen. Sogar um welches Entstehungsjahr eines Anzuges es sich handelt, erkennt man an der Farbwahl, da Schnitt und neue Stoffideen selten zusammenlaufen. Abends durfte es romantisch sein mit Stickereien auf der Brust oder angenähten Rüschen. Dieser variable Kleidungsstil zeigt, dass das Interesse an Herrenmode weiterhin stieg, was durch Neuerscheinungen der Modezeitschriften Lui in Paris und Hers in London noch gefördert wurde. 1967 eröffnete das erste Herrenmodehaus „Cerruti 1881". Dort wurde viel zeitgemäße Mode von Heinz Oestergaard verkauft: Weiße Dinnerjackets, Sportsakkos mit breiten, aufgesetzten Gürteln und sogar Sakkos mit Reißverschluss.

---

[49] Vgl. Loschek, Ingrid: Fashion of the Century, S. 207

Der Mut zur Mode stieg stetig an. [50] Zeitgleich entstand außerdem eine neue Art der Alltagskleidung aus Jeans, Pullover und T-Shirt, die bequeme Bewegungsfreiheit garantieren sollte. [51]

Eine neue modisch, verspielte „Peacock Revolution" entwickelte sich 1969 durch die sexuelle und berufliche Emanzipation der Frau. Auch Herrenbekleidung sollte körpernah geschnitten sein. Gerade bei hoch sitzender Taille sollte es so ebenfalls die italienische Verjüngung übernehmen. Erhebliche Unterschiede lassen sich in der Schulterlage feststellen. Es fand eine Umformung der eckigen, hohen Schulter zu einem natürlichen, runden Schulterverlauf statt, mit wenig Unterpolsterung.[52] Durch Blazeranzug und Sportanzug sollte dem Wunsch nach Bequemlichkeit nachgegangen werden. Auch die führenden Modehäuser Ralph Lauren und Christian Dior kreierten nun Männermode. Dabei setzten sie auf eng anliegende, stark auf Taille geschnittene Sakkos mit wenig Bewegungsfreiheit, um den Herrn jünger und vitaler wirken zu lassen. Der Revers ist groß und die Muster ebenso poppig, wie die auffällig gemusterten Hemden. [53]

Abbildung 13
Einknopfsakko mit großem Revers, 1975

Erst 1976 wird die männliche Oberbekleidung wieder lässiger, geradliniger und bequemer. Schultern sind breiter und aufgrund der neuen Weite sind Taschen wieder nutzbar. Gänzlich konnte sich der Herr jedoch nicht von extrem körperbetonter Kleidung trennen. So blieb zumindest das Hemd hauteng und durch tief angesetzte Knöpfe konnte die gesamte Silhouette gestreckt werden. Außerdem wurde er kreativer, interpretierte den klassischen Anzug neu und kombinierte Material und Muster, beispielsweise Cordsakko zu Stoffhose. [54]

Schließlich waren die Kriegsjahre vollkommen vergessen und der Lebensstandard stieg. Dank der beliebter werdenden Legerbekleidung konnten

---

[50] Vgl. Loschek, Ingrid: Fashion of the Century, S. 230 - 234
[51] Vgl. o. V.: Fachwissen Bekleidung: S. 291
[52] Vgl. Hofer, Alfons: HAKA, S. 23
[53] Vgl. Loschek, Ingrid: Fashion of the Century, S. 252
[54] Vgl. Loschek, Ingrid: Fashion of the Century, S. 271 - 275

neue Akzente gesetzt werden. Außergewöhnliche Nahtführungen oder Revers- und Taschenformen, paspelierte Biesen oder verdeckte Knopfleisten waren keine Seltenheit mehr. [55] Trotz der Figur formenden Schnitte war Mode wieder für jede Statur tragbar, da das allzu Extreme ausblieb. Mit den neuen Tragegewohnheiten war der Anzug nun mehr denn je auf Funktionalität ausgelegt. Ziel war ein optisch schlankes, und dennoch bequemes Sakko zu konstruieren. [56] 1979 wurden deshalb die Schultern nochmals verbreitert, die Sakkolänge gekürzt und der Rücken bequem aufgelockert, so dass auf Schlitze verzichtet werden konnte. Demnach folgte bald das Ende des engen Anzugs.

2.3.5 1981-2000

Da Kleidung wieder weiter und nicht zu eng getragen wurde, kamen 1981 Schulterpolster in Mode, die aber vier Jahre später wieder abgeschafft wurden. Dieser neue Trend und auch vielfältige Kombinationen verdrängten den konventionellen Anzug. Die Gesellschaft strebte kurzzeitig nach der Rückkehr zum traditionellen Stil, was einher ging mit einer politisch und ökonomisch stabilen Welt.

Abbildung 14
Anzugkombination, Weste
aus Wildleder

In den 80ern gab es verschiedene Modetrends, die unterschiedlicher kaum sein konnten. Zunehmend wurden Herren- und Damenmode einander angepasst. Dies bedeutete keine weibliche, sondern körperbewusste Kleidung mit weicher Optik und fließenden Stoffen zu schaffen. 1982 wurden bevorzugt neonfarbende Jogginganzüge getragen, während 1984 Rückendecoltées, enge Hosen, Netzstrumpfhosen und sogar kurze Röcke durch Jean-Paul Gaultier verkauft wurden.[57] Mut zum Dekorativen und zur Farbe kam neu auf. Es wurden sogar kragenlose Hemden mit auffälligen Barockmustern bedruckt oder schlichte Outfits durch ausgefallen gemusterte Krawatten aufgepeppt. Asymmetrische Reverslösungen gehörten ebenso zur alltäglichen

---

[55] Vgl. Sprenger, Ruth: Die hohe Kunst der Herrenkleidermacher, S. 46
[56] Vgl. o. V.: Fachwissen Bekleidung, S. 292
[57] Vgl. Loschek, Ingrid: Fashion of the Century, S.300

Garderobe wie die Kombination von Bermudas und Sakko. Dieses zunehmende modische Selbstbewusstsein der Herren ermutigte verschiedene Designermarken zu ihrer Entstehung. Dazu gehörten um 1990 Dolce und Gabbana, Vivienne Westwood und auch Karl Lagerfeld.[58] Diskussionen um Mode und Ökologie kommen auf und ein bequemer, lässiger casual-look etablierte sich. Die reduzierte Anzugsilhouette verfügte über eine weiche, leicht gerundete Schulterlinie in natürlicher Breite, eine dezente Taille, kleinem Reversausschnitt und einem bequemen Brustbereich. Voluminöse Ärmel waren vorherrschend und lösten eckige Ärmelkonturen ab. Der einreihige Anzug mit drei oder vier Knöpfen und verlängerter Optik gewann an Bedeutung und wurde nur kurzfristig vom Zweireiher in seiner Beliebtheit übertroffen. Aus dem klassischen Anzug wird der „Broken Suit". Dieser besteht noch immer aus Hose, Sakko und Weste gleicher Farbe, weicht aber in Muster und Gewebestruktur deutlich ab.[59]

Dann zeigte sich im Jahre 1998, dass der Anzug für offizielle Anlässe nicht wegzudenken und als formelle Kleidung unabdingbar ist. Deutlich wird dies durch die von der Gesellschaft als Skandal empfundenen Tatsache, dass Joschka Fischer in Jeans, Turnschuhen und ohne Krawatte Außenminister werden konnte. So entwickelte sich der bis heute erhaltene „weltmännisch korrekte" Stil: Dunkler Anzug mit Weste, dazu eine unifarbende Krawatte im Ton des Hemdes. Seit 1999 wird dieser Business-Anzug zumeist aus Hightech-Materialien hergestellt und mit karierten Hemden kombiniert.[60] Am Ende des Jahrtausends erschien die Silhouette körpergerecht und wieder leicht tailliert bei lässiger Eleganz.[61] Männermode stand zwischen „einem modern-korrekten Anzugstil mit Krawatte entsprechend dem Zeitgeist der „new economics", bei dem High-Tech-Stoffe, pastellige Farben und dezente Muster den modischen Trend definierten, und einer betont legeren Kleidung, die Mitarbeiter der Software- Firmen vertreten."[62] Oft wirken die Grenzen von Freizeitlook und Geschäftskleidung bis in die gegenwärtige Zeit fließend, da starre

---

[58] Vgl. Ebenda, S. 317 - 325
[59] Vgl. o. V.: Fachwissen Bekleidung, S. 294
[60] Vgl. Loschek, Ingrid: Fashion of the Century, S. 358
[61] Vgl. o. V.: Fachwisssen Bekleidung, S. 39
[62] Vgl. Loschek, Ingrid: Fashion of the Century, S. 369

Bekleidungsregeln ihre Gültigkeit verloren zu haben scheint. Kleidung avancierte wieder zum Symbol für Luxus.

2.3.6 2001 bis heute

Schlussendlich ermöglichen es Internet und Fernsehen, sofort und überall auf der Welt modische Kleidung anzuschauen, zu bestellen und sich schicken zu lassen. Der Kommunikation neuster Trends auf der ganzen Welt steht nichts mehr im Wege. Somit bestehen nur noch geringe modische Unterschiede zwischen den verschiedenen Ländern. Im Vergleich zum letzten Jahrtausendwechsel fand ein tiefgreifender, gesellschaftlicher Wandel statt und die Modeindustrie hat gigantische Ausmaße erreicht. Das zunehmende Markenbewusstsein und die materielle Orientierung des Modesystems werden durch Themen wie globale Umweltzerstörung in Frage gestellt. Massenkonsum erscheint wieder in einem schlechteren Licht und Kunden beginnen sich für Recycling und Nachhaltigkeitsprojekte zu interessieren. Der Trend geht in Richtung Individualität, so dass Einzelstücke zu gehobenen Preisen eine große Nachfrage genießen.

Auch heute ist der klassische Anzug nicht aus der männlichen Garderobe wegzudenken. Die Funktionalität der Details hat wesentlich an Bedeutung zugenommen. Einen weiteren Schwerpunkt bilden Material und superleichte Verarbeitung, um einen lockeren und lässigen Sitz zu gewährleisten. Der jeweilige Schnitt ist abhängig von der Tragegelegenheit, wobei konventionelle Formen trotz erkennbaren modernen Einfluss deutlich dominieren. Sakkos werden nah am Körper getragen und Schultern in natürlicher Breite gearbeitet. Man spricht vom „Maßschneider-Stil".[63] Das Modebild ist gleichsam von klassischer Eleganz und unkonventionellen Elementen geprägt.

Die schlanke Silhouette des Anzugs kann von der hochtechnologisierten Bekleidungsindustrie hergestellt werden, so dass nahezu keine Nachfrage mehr nach Maßanzügen bei Maßschneidereien besteht. Als Alltagskleidung ist der Anzug out und das individuelle Einzelstück erlebt eine gewaltige Nachfrage. Bis heute ist Herrenmode natürlich und

---

[63] Sprenger, Ruth: Die hohe Kunst der Herrenkleidermacher, S. 40

altersunabhängig dank zeitloser Eleganz. Häufig wirken Sakkos „unkonstruiert", verfügen aber über eine körpernahe Linie bei bequemer Weite. [64]

Einige Internetshops bieten sogar passgenaue Anzüge online an, wozu automatisierte Abläufe genutzt werden. Ein bekanntes und erfolgreiches Beispiel ist der Onlineshop http://www.youtailor.de. Sakkos, Hemden und ganze Anzüge können vom Kunden selbst zusammengestellt werden. Eine Auswahl an verschiedenen Revers- und Taschenformen, Stoffen und Ziernähten ist vorhanden. Möchte man sich nicht selber zuhause nach der gegebenen Anleitung ausmessen, bietet das Unternehmen immer wieder Veranstaltungen an, bei denen man sich professionell ausmessen lassen kann. Diese Idee entspricht exakt der modernen Kleidervorstellung: Individuell, passgenau, zügig und preisgünstig.

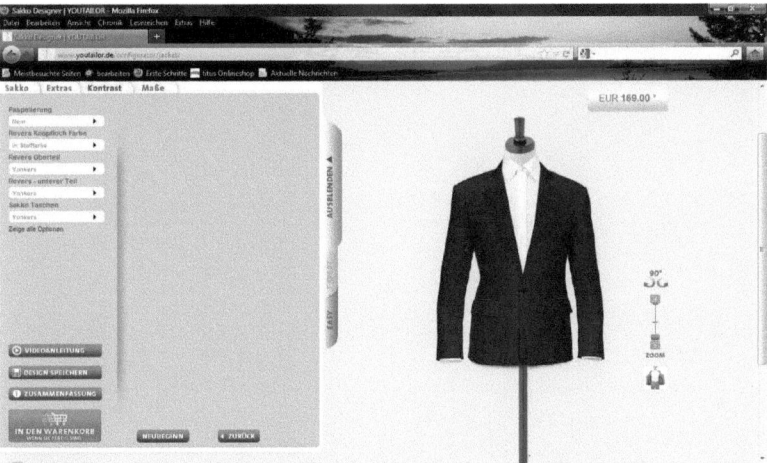

Abbildung 15
Sakko-Design Erstellung auf www.youtailor.de

---

[64] Vgl. o. V.: Fachwissen Bekleidung, S. 295

Studienarbeit Alena Kalkum

3 Vergleich Schnitt und Linienführung

3.1 Zeitstrahl

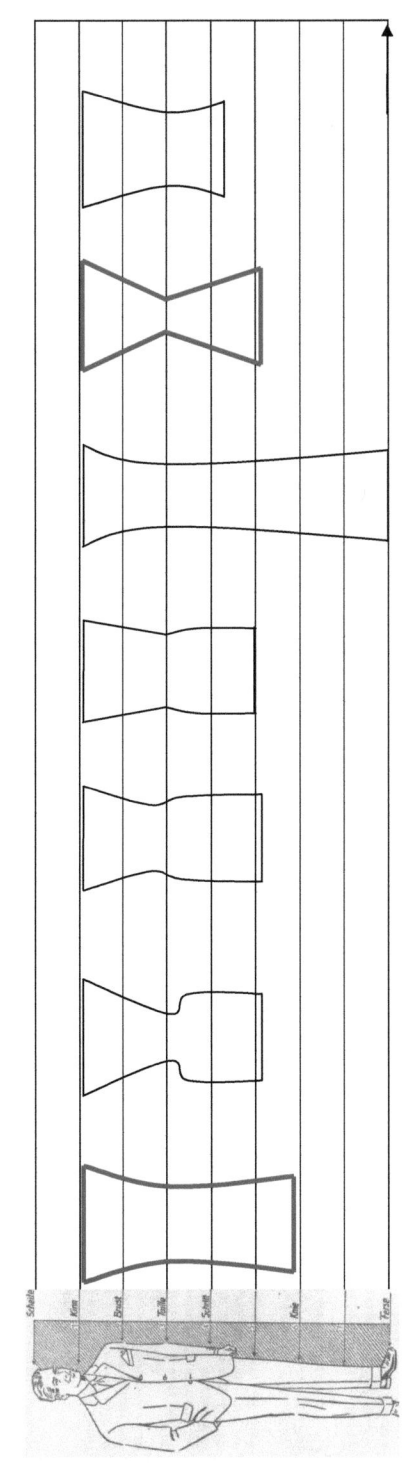

Tabelle 2
Zeittafel I

1670
Justaucorps, knie-oberschenkellang, tailliert, kragenlos, geschlossener Rock, pompös

1730
Habit, kürzere Schöße, steif, von Hüfte abstehend, Rock vorne offen

1760
Umgeschlagene Vorderkanten: Revers etwas zurückgeschnittene Schöße

1770
frac a la francaise
Ursprung des Sakkos kurze Schöße, bogige Vorderkante, nur offen

1790
Reitfrack bis zum Boden, z.T. Schleppe breite, lange Schöße

1815
Wespentaille, Korsett, Stil statt Prunk, weiblich glockige Röcke

1848
Jäckchenfrack keine übertriebenen Formen/Farben, Schöße gleichlang späteres Sakko

Studienarbeit Alena Kalkum　　　　　　　　　　　　　　　　　　　　　　　　　　　　　　　　　WS 11/12

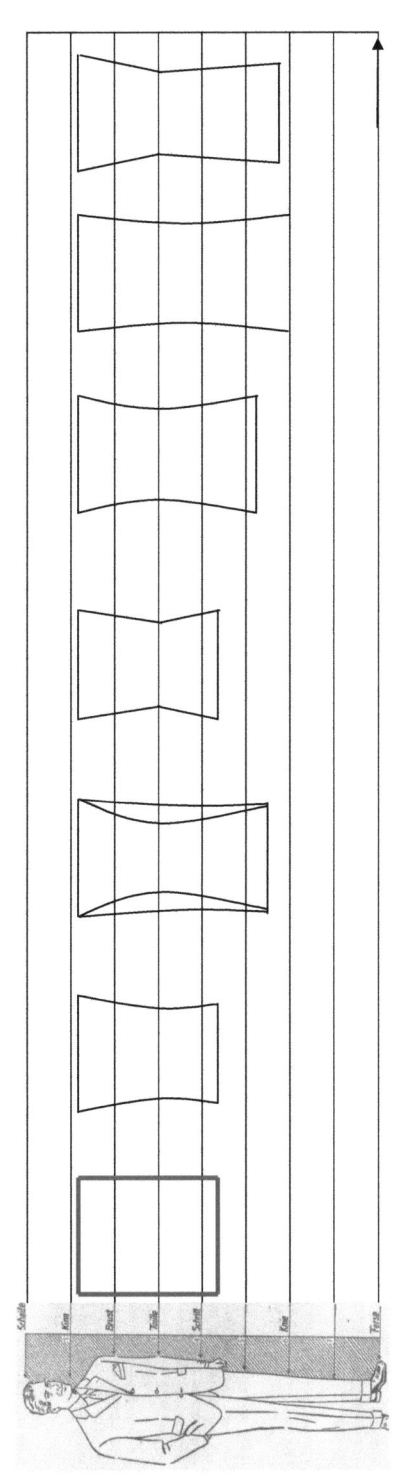

Tabelle 3
Zeittafel II

1850
Jackett und Zweireiher
keine Taille, sackartig
zweckmäßige Form

1860
lange Taille, gerade,
bequem
Entstehung Sakkoanzug

1888
Smoking und Cutaway
weit oder eng, tailliert
oder nicht, je nach Anlass

1900
konservativer Gehrock
oder moderner Sakkoanzug

1903
steifer Umlegekragen,
langer Schoß, großer
Abstich, ähnlich Cutaway

1908
Tageskleidung:
knielanger, selten
geschlossener
Gehrock

1910
leicht tailliert,
kurzes Revers,
hoch geschlossen

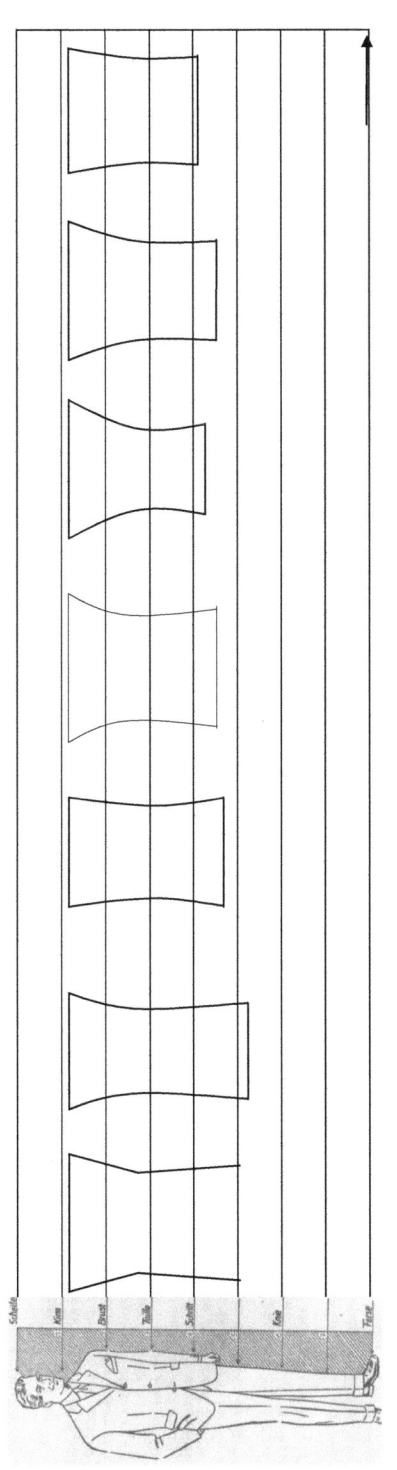

Tabelle 4
Zeittafel III

1919
Stehbrustsakko
körpernah, hohe, enge
Taille, breite Schultern

1921
Blazer, legere Kleidung
hohe Taille,
langer Schoß

1924
Stresemann, leichte
Taillierung, schnittig,
schlank, weiche

1929
betont breite Schulter
hohe Taille, gleitende
Hüften, kurzer, breiter
Revers

1931
kurzer, breiter Revers
Schulterpolster
schmale Hüfte und Taille

1940
Sakko etwas länger
figurbetont,
schmale Hüfte und
Taille

1950
weiter Schnitt
keine Taillierung
breit gepolsterte
Schulter

Studienarbeit Alena Kalkum WS 11/12

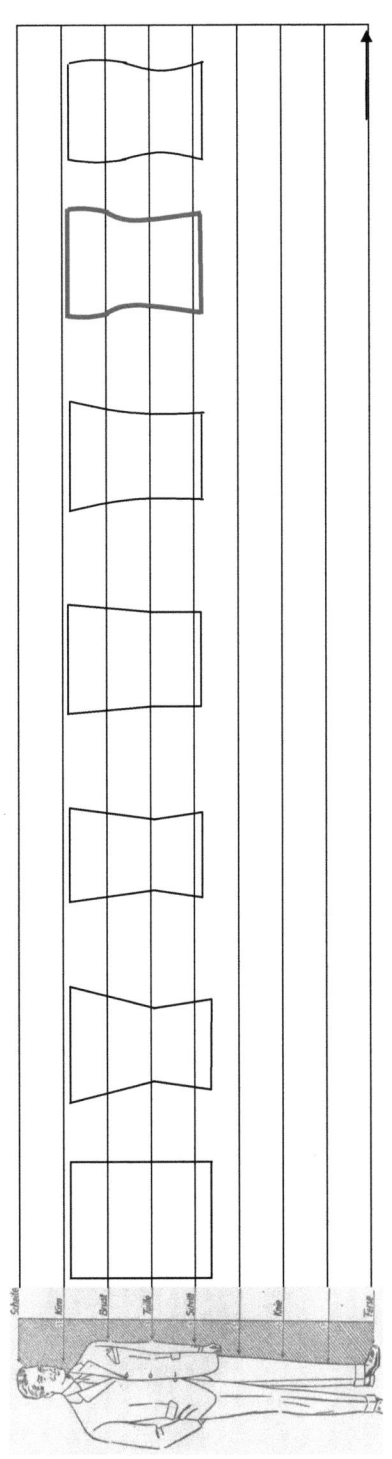

Tabelle 5
Zeittafel IV

1960 gerader und bequemer Schnitt

1965 figurbetont, teilweise stark betont

1970 schmale Schultern, tailliert, breiter Revers

1980 keine Extreme mehr Ende enger Anzug

1995 körpernah, weniger breite Schultern

2000 körpernah, bequem

2011 sportlich, eng anliegend, Details Ziernähte

3.2 Auswertung Zeitstrahl

Dieser Zeitstrahl verdeutlicht in einer anschaulichen und deutlich vergleichbaren Übersicht die Entwicklung des Sakkos seit dem 18. Jahrhundert und die Veränderungen des Schnittes. Zur Darstellung wurde die gängige Einteilung des Körpers in acht Kopflängen genutzt. Die etwas überspitzt gezeichneten Konturen zeigen deutlich, dass die Herrenmode nicht starr unverändert und uninteressant war, wie es oft scheint. Auch in der Männerwelt spielte die richtige Kleidung stets eine Rolle. War es in den Anfängen Prunk und Schmuck, die den Reichtum der Träger hervorheben sollten und später Stoffauswahl und Passform. Egal war Kleidung nie.

Die deutlichsten Veränderungen der Form und auch der Länge zeigten sich Anfang des 19. Jahrhunderts. Trug man 1815 noch einschnürende Korsetts, so war 1850 jegliche Passform hinfällig. Je nach politischer, gesellschaftlicher und sozialer Lage wurde die Mode angepasst und verändert. Extreme Änderungen der Silhouette wie steif abstehende Röcke oder das bodenlange Reiterfrack schwächten bereits Mitte des 19. Jahrhunderts ab. Im 20. Jahrhundert blieben derartige Extreme gänzlich aus. Vor allem die Sakkolänge war stark dem modischen Wandel unterworfen, fand aber um 1970 ein endgültiges Maß. Schulterlage und Polsterung wurden zum Hauptaugenmerk für Variationen, nicht mehr Länge und Taillierung. Deutliche Passformunterschiede gehen einher mit der Veränderung der Brust- und Schulterpartie. Mittlerweile einigte sich die Modewelt auf eine natürlich geformte, wenig gepolsterte Schulterpartie. Überdies beeinflusst die Fassonbreite die optische Wirkung der Schulterbreite und der gesamten proportionalen Verhältnisse von Ober- und Unterkörper. So kam es, dass seit Mitte des 20. Jahrhunderts sehr viel mit Reversformen, -längen und – breiten experimentiert wurde. Die eigentliche Linie des Sakkos blieb in den letzten Jahrzehnten dann recht konstant, Variablen entstehen durch Veränderungen der Details. Aktuell werden Sakkos eher sportlich und tailliert getragen und der legere Look beispielsweise durch andersfarbige Ärmelpatches betont. Unzählige Möglichkeiten bietet der Abstich, welcher lang, kurz, eckig, rund oder fliehend gearbeitet werden kann in Verbindung mit unterschiedlicher Schulterlage, Länge und Knopfstellung. So bieten sich die verschiedensten Anzuglinien. Durch den Zeitstrahl wird deutlich, dass nicht nur

markante, unregelmäßige Veränderungen am Schnitt getätigt wurden, sondern dass auch die Jahreszahlen der deutlichsten Entwicklungsunterschiede in ihren Zeitabständen variieren.

Außerdem ist zu bedenken, dass das Sakko damals Tageskleidung war und keine große, modische Auswahl verschiedener Kleidungsstils bestand. Dies sieht heute deutlich anders aus. Zwar wird das Sakko mittlerweile wieder in den Alltag integriert, bleibt aber immer noch Symbol der Eleganz und das Tragen unabdingbar bei einigen gesellschaftlichen Anlässen. Da Zweireiher nur geschlossen elegant wirken, sind sie weites gehend aus den aktuellen Kollektionen verschwunden.

3.3 4.2. Matrix der Jahre 1670, 1815, 1850, 2000

	1670	1815	1850	2000
Rückenlänge	Knie- bis oberschenkellang	Oberschenkellang	Gesäßbedeckend	Halbe Gesäßbreite
Taillenweite	Eng anliegend	Schmal und weiblich	Gerade, keine Taillierung	Bequeme Weite
Schulter	Nicht ausgeformt	Schmal	Breit und ungeformt	Körpergerecht
Revers	Nicht vorhanden	Umgeschlagene Vorderkanten	Groß, steigend	Standardbreite Stehkragenhöhe: 2,5 bis 3 cm, Rücken: 3-4 cm
Besondere Merkmale	Einheitliche Kleidung, Aufwendige Stickereien	Wespentaille und Korsett, Halstuch als Symbol der Eitelkeit	Zweckmäßigkeit, sackartig, kein Schnitt	Bequemlichkeit raffinierte, modische Details
Stoff	Kostbar, schwer	Seide, Samt	Baumwolle, Wolle	Biegeschlaffe Funktionsstoffe
Farben	Violett, lichtgrün	Gedämpfte Farben	Kaum Farbigkeit	Pastelltöne
Silhouetten				

Tabelle 6
Matrix der Jahre 1670, 1815, 1850, 2000

Die vorangestellte Matrix dient als Übersicht und direkter Vergleich großer Unterschiede in der Geschichte des Sakkos. Verglichen wurden die markantesten und auffälligsten Differenzen, wobei noch viele Details ausgelassen wurden. Typische unveränderte Merkmale sind Brusttasche, Klappentaschen, Ärmelschlitze und Rückenschlitze. Es wird deutlich, dass immer genauer und mit höherer Verarbeitungsqualität gefertigt wurde. Schnitttechniken und Maschinen entwickelten sich ebenso weiter, wie der Wunsch nach Passform und Individualität.

Betrachtet man beispielsweise die Veränderung der Schulter, so zeigt sich, dass viel experimentiert wurde. Von einer sehr schmalen Schulter über eine enorme Breite fand man zu einer körpergerechten natürlichen Rundung. Ein weiteres, sehr bedeutendes Merkmal, da es stark über die Optik eines Sakkos entscheidet, hat sich ebenfalls kontinuierlich weiterentwickelt. Das Revers war 1670 gar nicht vorhanden, einige Jahre später wurden einfach nur abgesteppte Vorderkanten umgeschlagen. Mit Beginn des 19. Jahrhunderts wurde dann immer ein Revers genäht. Breite, Länge und Abstich variierten dabei aber um viele Zentimeter. Heute gibt es Vorgaben für die Standardbreite eines Revers, wobei kleine, Design abhängige Änderungen zulässig sind.

Wie sehr sich die Linienführung geändert hat ist, durch das nebeneinanderstellen der vier Silhouetten am Ende der Matrix am deutlichsten erkennbar. Das Sakko wurde nicht nur immer kürzer und somit alltagstauglicher und bequemer, auch die Taillenweite war signifikantes Charakteristikum.

4 Kritisches Fazit

Thema der vorliegenden Studienarbeit war die Geschichte des Herrensakkos im Bezug auf Schnitt und Linienführung zu vergleichen. Dies stellte sich als recht komplexe Aufgabe heraus. Eine riesige Auswahl an Literatur lag bereit und jedes Buch legte andere Schwerpunkte fest und beschrieb Sachverhalte und Details unterschiedlich. Diese Tatsache erschwerte es, einen durchgehenden, roten Faden zu finden und sich selbst einen Schwerpunkt herauszunehmen. Die Masse an Literatur behinderte eine inhaltliche Eingrenzung und Kurzfassung. Es bot sich also nicht nur eine Fülle an Informationen, sondern auch eine Fülle interessanter und spannender Geschichten und Finessen. Teilweise widersprachen sich Bücher und es galt abzuwägen, welchem Autor man mehr Glauben schenken sollte. Aus diesem Grunde wurden kaum Internetquellen zur Erarbeitung des Themas genutzt. Die Ungewissheit über Zuverlässigkeit und Vertrauenswürdigkeit schreckten ab und gedruckte Bücher boten genug Input. Die Ursprünge des Sakkos reichen bis ins 17. Jahrhundert zurück. Über diese Zeit gibt es deutlich weniger Literatur in Schriftform als über das 20. Jahrhundert, was sich auch in der Ausführlichkeit der einzelnen Abschnitte widerspiegelt. Anfängliche Fragen nach den Ursprüngen des Sakkos und vor allem die spannende Frage, was sich warum geändert hat, konnten größtenteils beantwortet werden. Erstaunlicherweise hingen fast alle Änderungen der Kleidung mit geschichtlichen Ereignissen, sowie sozialer und politischer Lage zusammen. So wurden Rockschöße abgeschnitten, da sie zum Jagen ungeeignet waren. Der unterste Knopf wurde offen gelassen, damit auch füllige Bäuche nicht eingeengt werden. Um dem Idealbild des sportlichen Mannes entsprechen zu können, wurden Schulterpolster eingenäht und die Hüfte fließend umspielt.

Der Vergleich der Veränderungen konnte durch die Widergabe der geschichtlichen Grundlage schwerlich nachvollziehbar dargestellt werden. Um das Ziel der Arbeit deutlich festzuhalten, wurde eine Zeittafel mit Silhouetten entwickelt. Diese reine Nebeneinanderstellung von Umrissen stellt die Entstehung und Entwicklung des Sakkos auf einen Blick deutlich dar. Für die reine Linie des Sakkos sind einige Details, wie sie im Text von Kapitel 2 formuliert wurden, eher unwichtig.

Literaturverzeichnis

Amies, Hardy: Anzug und Gentleman. Von der feinen englischen Art sich zu kleiden; Lit Verlag: Münster 1997

Bruhn, Wolfgang und Tilke, Max: Kostümgeschichte in Bildern; Verlag Ernst Wasmuth Tübingen, Tübingen 1955

Eelking, Baron von: Lexikon der Herrenmode; Musterschmidt Verlag: Northeim 1960

Gardner, Christine: Die Kulturgeschichte der Herrenmode; Fouqué Verlag: Frankfurt 2002

Hofer, Alfons: HAKA: Herrenbekleidung, Freizeitbekleidung, Legerbekleidung; Deutscher Fachverlag: Frankfurt am Main 1978

Krause, Gisela /Lenning, Gertrud: Kleine Kostümgeschichte ; Schiele & Schön Verlag: Berlin 2003

Loschek, Ingrid: Fashion of the Century. Chronik der Mode von 1900 bis heute; Battenberg Verlag: München 2001

Loschek, Ingrid/ Wolter, Gundula: Reclams Mode- und Kostümlexikon; Reclam Verlag: Ditzingen 1999

M. Müller & Sohn: Der Zuschnitt für die Herrenschneiderei; Deutsche Bildungs-Akademie München, M. Müller & Sohn, München 13

M. Müller & Sohn: HAKA Schnittkonstruktionen; Deutsche Bildungs-Akademie München, Rundschau-Verlag Otto G. Königer GmbH & Co. München, München 1999

o.V.: Fachwissen Bekleidung; Verlag Europa-Lehrmittel, Nourney, Vollmer GmbH & Co.: Haan-Gruiten 2007

Sprenger, Ruth: Die hohe Kunst der Herrenkleidermacher, Tradition und Selbstverständnis eines Meisterhandwerks; Böhlau Verlag: Wien, Köln, Weimar 2010

Trosse, Sabine: Geschichten im Anzug: Der Retro-Trend im Kleidungsdesign; Waxmann Verlag: Münster 2000

Von Boehn, Max: Die Mode, Eine Kulturgeschichte vom Barock bis zum Jugendstil; Bruckmann München, München 1986

Studienarbeit Alena Kalkum

Quellenverzeichnis der Abbildungen und Tabellen

Abbildung 1 **Von Boehn, Max:** Die Mode, Eine Kulturgeschichte vom Barock bis zum Jugendstil; Bruckmann München, München 1986, S. 62

Abbildung 2 http://www.gentlemenoffortune.com/images/j-gun.jpg 06.01.12

Abbildung 3 **Bruhn, Wolfgang und Tilke, Max:** Kostümgeschichte in Bildern; Verlag Ernst Wasmuth Tübingen, Tübingen 1955, S.113

Abbildung 4 **M. Müller & Sohn:** HAKA Schnittkonstruktionen; Deutsche Bildungs-Akademie München, Rundschau-Verlag Otto G. Königer GmbH & Co. München, München 1999, S.155

Abbildung 5 http://de.wikipedia.org/w/index.php?title=Datei:BrummellEngrvFrmMiniature.jpg &filetimestamp=200506291742440 06.01.12

Abbildung 6 **Von Boehn, Max:** Die Mode, Eine Kulturgeschichte vom Barock bis zum Jugendstil; Bruckmann München, München 1986, S.207

Abbildung 7 **Sprenger, Ruth:** Die hohe Kunst der Herrenkleidermacher, Tradition und Selbstverständnis eines Meisterhandwerks; Böhlau Verlag: Wien, Köln, Weimar 2010, S.29

Abbildung 8 **M. Müller & Sohn:** HAKA Schnittkonstruktionen; Deutsche Bildungs-Akademie München, Rundschau-Verlag Otto G. Königer GmbH & Co. München, München 1999, S.75

Abbildung 9 http://up.picr.de/796234.jpg 07.01.12

Abbildung 10 http://www.miss-solution.com/uploads/pics/Stresemann10.jpg 08.01.12

Abbildung 11 **Hofer, Alfons:** HAKA: Herrenbekleidung, Freizeitbekleidung, Legerbekleidung; Deutscher Fachverlag: Frankfurt am Main 1978, S. 13

Abbildung 12 **Loschek, Ingrid:** Fashion of the Century. Chronik der Mode von 1900 bis heute; Battenberg Verlag: München 2001, S. 211

Abbildung 13 **M. Müller & Sohn:** Der Zuschnitt für die Herrenschneiderei; Deutsche Bildungs-Akademie München, M. Müller & Sohn, München 13, S.36

Abbildung 14 **Loschek, Ingrid:** Fashion of the Century. Chronik der Mode von 1900 bis heute; Battenberg Verlag: München 2001, S. 317

Abbildung 15 http://www.youtailor.de/configurator/jacket/ 08.01.12

Tabelle 1 Vgl. **o. V.:** Fachwissen Bekleidung, S. 254

Internetquellen

http://www.n24.de/news/newsitem_5512322.html 13.11.11

http://www.manager-magazin.de/lifestyle/mode/0,2828,793798,00.html 13.11.11

http://de.wikipedia.org/w/index.php?title=Datei:BrummellEngrvFrmMiniature.jpg&filetimestamp=20050629174244 06.01.12

http://www.gentlemenoffortune.com/images/j-gun.jpg 06.01.12

http://up.picr.de/796234.jpg 07.01.12

http://www.miss-solution.com/uploads/pics/Stresemann10.jpg 08.01.12

http://www.youtailor.de/configurator/jacket/ 08.01.12